This House Is Made of Mud
• • •
Esta casa está hecha de lodo

Written by/Escrito por
KEN BUCHANAN

Illustrated by/Ilustrado por
LIBBA TRACY

Translated by/Traducido por
PATRICIA HINTON DAVISON

rising moon
Books for Young Readers from Northland Publishing

This house is made of Mud.

We made it,
my Brothers and Sisters,
and Mother and Father.

We made this house
from Earth,
and Water,
and Straw.

We mixed them all together
And together made our Home.

Esta casa está hecha de Lodo.

La hicimos,
mis Hermanos y Hermanas,
y Mamá y Papá.

Hicimos esta casa
de Tierra,
de Agua
y de Paja.

Las mezclamos todas juntas
y juntos hicimos nuestro Hogar.

This house
is round,
like the Earth,
and the Sun,
and the Moon.

*Esta casa
es redonda,
como la Tierra,
el Sol
y la Luna.*

It has only
one door
in and out.

But it has
many windows
so the breezes
can pass through.

*Tiene sólo
una puerta
para salir y entrar.*

*Pero tiene
muchas ventanas
por las cuales
atraviesan las brisas.*

At night
we can see
the Stars,

And
during the day,
the Sky.

Por las noches
podemos ver
las Estrellas

Y

durante el día,
el Cielo.

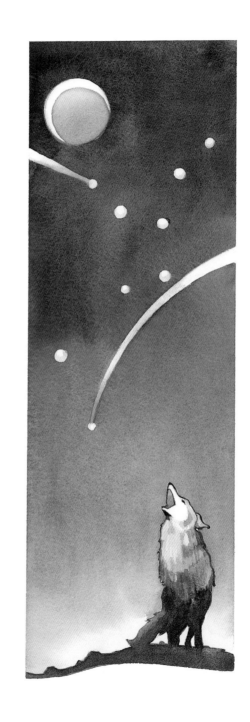

We share our house
with animals,
large and small.

There are bugs
that live in our walls.

Compartimos nuestra casa
con los animales,
grandes y pequeños.

Hay bichitos
que viven en nuestras paredes.

Hay ratoncitos
que tienen pequeños túneles
bajo nuestro piso.

There are mice
that have tiny tunnels
under our floor.

There is my brother's dog,
my sister's cat,
my mother's bird,
and baby brother's black snake.

He's only out at night,
when we are asleep,
and the mice are awake.

Hay,
el perro de mi hermano,
el gato de mi hermana,
el pájaro de mi mamá
y la culebra negra de mi hermanito.

La culebra sólo sale de noche,
cuando estamos dormidos
y los ratones están despiertos.

This house has a yard.
It is round, too.

We call it the Desert.

Esta casa tiene un jardín.
También es redondo.

Lo llamamos el Desierto.

It has a fence around it.
The fence is called the Mountains.

Alrededor tiene una corralada.
La corralada se llama las Montañas.

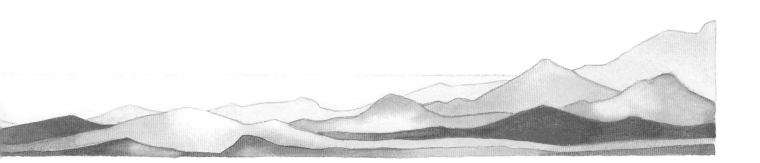

Our yard,
and our fence,
are covered with plants—

From the giant cacti,
to the smallest blades of grass.

Nuestro jardín
y nuestro muro,
están cubiertos de plantas—

Desde el gigante cacto,
hasta la hierba más pequeña.

Everyone has a name,
but they are all called Friends,
because they share our yard.

We get many
visitors to our house.

Todos tienen un nombre,
pero ellos se llaman Amigos
porque comparten nuestro jardín.

Llegan muchas
visitas a nuestra casa.

The Sun comes
every day.

The Wind comes,
 but never stays.

*El Sol llega
todos los días.*

*El Viento llega
pero nunca se queda.*

The Rain's visit
is not for long,
just long enough
for everyone to
get a good drink.

La visita de la Lluvia
no dura mucho,
sólo lo suficiente
para que todos
beban un buen trago.

The snow
sometimes falls.
But the sun
does not like the snow,
and makes it go away.

This house
was made of mud
by our family.
Made from the same thing
our Earth is made of.

La nieve
a veces cae.
Pero al sol
no le gusta la nieve
y la hace que se vaya.

Esta casa
fue hecha de lodo
por nuestra familia.
Hecha de la misma cosa de lo que
está hecha nuestra Tierra.

Our house
is shared by many,
and many come to visit.
They are all our Friends.

This house
is our Home.
And our home
        is
        made
        of
        Love.

Muchos comparten
nuestra casa
y muchos vienen a visitar.
Todos son nuestros Amigos.

Esta casa
es nuestro Hogar.
Y nuestro hogar
        está
        hecho
        de
        Amor.

KEN BUCHANAN has spent most of his life in Arizona and calls the small town of Arivaca, seven miles north of the U.S.-Mexican border, home. After writing this story, he and his family built their own house of mud and are happy to share it with the many creatures of the Sonoran Desert. His usual pastimes are writing, fishing, and working the land.

KEN BUCHANAN ha pasado la gran parte de su vida en Arizona y considera el pequeño pueblo de Arivaca, siete millas al norte de la frontera entre México y los Estados Unidos, su hogar. Después de escribir este cuento, él y su familia construyeron una casa de lodo y están encantados de compartirla con las criaturas que habitan el desierto sonorence. Sus pasatiempos son la escritura, la pesca y el trabajo que hace en su terreno.

LIBBA TRACY has been an illustrator since 1980, working primarily in watercolor. She paints for publications nationally, especially for magazines and advertising firms. This is her first children's book. A resident of Phoenix, Arizona, she also lives in an adobe home and thrives on the textures, sounds, and tranquility it provides.

LIBBA TRACY se ha dedicado a la carrera de ilustración desde 1980, trabaja principalmente con acuarelas. Pinta para publicaciones por toda la nación, especialmente para revistas y empresas de publicidad. Este es su primer libro para niños. Ella es una residente de Phoenix, Arizona, y también vive en una casa de adobe donde prospera en el ambiente de las texturas, los sonidos y la tranquilidad que ésta le provee.

PATRICIA HINTON DAVISON was born in Monterrey, Mexico, and completed her studies at the University of the Americas in Cholula, Puebla, Mexico. She is married and has four children. She has made her career in education and has been teaching at Northern Arizona University for over eight years. She enjoys painting, decorating, and being close to the ocean.

PATRICIA HINTON DAVISON nació en Monterrey, México y completó sus estudios en la Universidad de las Américas en Colula, Puebla, México. Está casada y tiene cuatro hijos. Se dedica a la educación y ha estado enseñando en la Universidad del Norte de Arizona por más de ocho años. Le encanta pintar, decorar y estar junto al mar.